AF440267

GROUPE AGRICOLE

LA CHAMBRE DES DÉPUTÉS

ET

L'AGRICULTURE FRANÇAISE

(1881-1889)

DISCOURS

DE

M. H. GOMOT

Président du Groupe.

CLERMONT-FERRAND

TYPOGRAPHIE ET LITHOGRAPHIE G. MONT-LOUIS
Rue Barbançon, 2.

1889

GROUPE AGRICOLE

LA CHAMBRE DES DÉPUTÉS

ET

L'AGRICULTURE FRANÇAISE

(1881-1889)

DISCOURS

DE

M. H. GOMOT

Président du Groupe.

CLERMONT-FERRAND

TYPOGRAPHIE ET LITHOGRAPHIE G. MONT-LOUIS
Rue Barbançon, 2.

1889

GROUPE AGRICOLE

Président d'honneur :

M. MÉLINE, président de la Chambre.

Président :

M. GOMOT, ancien ministre de l'agriculture, député du Puy-de-Dôme.

Vice-Présidents :

M. JAMETEL, député de la Somme.
M. GANAULT, député de l'Aisne.

Questeur :

M. RÉCIPON, député d'Ille-et-Vilaine.

Secrétaires :

M. CORDIER, député de Meurthe-et-Moselle.
M. PROAL, député des Basses-Alpes.

MEMBRES DU GROUPE AGRICOLE

MM.

D'AILLIÈRES...... Député de la Sarthe.
AMAGAT.......... Député du Cantal.
ANDRIEUX........ Député des Basses-Alpes.
E. ARÈNE........ Député de la Corse.
ARNOUS.......... Député de la Charente.
AUDIFFRET....... Député de la Loire.
BARBE........... Député de Seine-et-Oise, ancien ministre de l'Agriculture.
BARGY........... Député de la Côte-d'Or.
BLANDIN .... Député de la Marne.
BOISSY D'ANGLAS.. Député de l'Ardèche.
BOURGEOIS .... Député du Jura.
BOURLIER........ Député d'Alger.
BRESSON .... Député des Vosges.
BRICE (René)..... Député d'Ille-et-Vilaine.
BRIET DE RAINVILLERS Député de la Somme.
BRUGÈRE......... Député de la Dordogne.
BRUGNOT......... Député des Vosges.
BUVIGNIER....... Député de la Meuse.
CASIMIR-PÉRIER (J.) Député de l'Aube, vice-président de la Chambre.
CASIMIR-PÉRIER (P) Député de la Seine-Infér.
CAVAIGNAC .... Député de la Sarthe, ancien sous-secrétaire d'État à la Guerre.
CAVALIÉ.......... Député du Tarn.
CAZAUVIELH ...... Député de la Gironde.

MM.

CHAMBERLAND	Député du Jura.
CHAVOIX	Député de la Dordogne.
CHRISTOPHE	Député de l'Orne.
CHOLLET	Député de la Loire.
COCHERY	Député du Loiret.
COLBERT-LAPLACE.	Député du Calvados.
COMPAYRÉ........	Député du Tarn.
CORDIER	Député de Meurthe-et-Moselle.
DAYNAUD.........	Député du Gers.
DELLESTABLE	Député de la Corrèze.
DESCAURE	Député de la Somme.
DESCHANEL	Député d'Eure-et-Loir.
DESMONS.........	Député du Gard.
DEVELLE	Député de la Meuse, ministre de l'Agriculture.
DUBOST	Député de l'Isère.
DUCHER..........	Député de l'Ardèche.
DUCOUDRAY.......	Député de la Nièvre.
DURAND..........	Député de l'Ille-et-Vilaine.
DURAND-SAVOYAT.	Député de l'Isère.
DUREAU DE VAULCOMTE.	Député de la Réunion.
DUVAUX..........	Député de Meurthe-et-Moselle.
FAGOT	Député des Ardennes.
GAILLARD	Député du Puy-de-Dôme.
GANAULT.........	Député de l'Aisne.
GEVELOT	Député de l'Orne.
GILBERT..........	Député de la Gironde.
GILLET	Député de la Meuse.

MM.

GOBRON............	Député des Ardennes.
GRIMAUD..........	Député des Hautes-Alpes.
GOMOT............	Député du Puy-de-Dôme, ancien ministre de l'Agriculture.
GROS (Jules)......	Député du Doubs.
GUILLEMAUX......	Député de Saône-et-Loire.
GUYOT...........	Député de la Marne.
HANOTAUX	Député de l'Aisne.
HÉRAL...........	Député du Tarn.
HOVIUS	Député de l'Ille-et-Vilaine.
LE HÉRISSÉ......	id.
JAMAIS..........	Député du Gard.
JACQUEMART......	Député des Ardennes.
JAMETEL	Député de la Somme.
JAURÈS..........	Député du Tarn.
JOUVENCEL (DE)....	Député de Seine-et-Oise.
JUIGNÉ (Comte de).	Député de Loire-Inférieure.
LA BATUT (DE)....	Député de la Dordogne.
LAGUERRE.........	Député de Vaucluse.
LANJUINAIS (Cte DE)	Député du Morbihan.
LAROCHE-JOUBERT.	Député de la Charente.
LAROZE (Léon)....	Député de la Gironde.
LAFFON (René)....	Député de l'Yonne.
LASCOMBES	Député du Cantal.
LASSERRE	Député du Tarn-et-Garonne.
LAVERGNE (Bernard)	Député du Tarn.
LAVILLE..........	Député du Puy-de-Dôme.
LECHEVALLIER	Député de Seine-Inférieure.

MM.

LECOMTE	Député du Nord.
LE GUAY	Député du Puy-de-Dôme.
LEJEUNE	Député de l'Indre.
LE ROUX	Député de la Vendée.
LESGUILLIER	Député de l'Aisne.
LE SOUEF	Député de Seine-Inférieure.
LEVREY	Député de la Haute-Saône.
LEYDET	Député des Bouch.-d.-Rhône
LEYGUES	Député du Lot-et-Garonne.
MARQUISET	Député de la Haute-Loire.
MARTIN (Léon)	Député de l'Oise.
MARTY	Député de l'Aude.
MAUNOURY	Député d'Eure-et-Loir.
MAURICE FAURE	Député de la Drôme.

MÉLINE .... Député des Vosges, ancien ministre de l'agriculture, Président de la Chambre des députés.

DE MAHY .... Député de la Réunion, ancien ministre de l'agriculture, vice-président de la Chambre des députés.

MELLOT	Député du Cher.
MERCIER	Député de la Haute-Saône.
MÉZIÈRES	Député de Meurthe-et-Mos[el].
MICHOU	Député de l'Aube.
MILLOCHAU	Député d'Eure-et-Loir.
MUNIER	Député de Meurthe-et-Mos[el].
NOBLOT	Député de Meurthe-et-Mos[el].
NOEL-PARFAIT	Député d'Eure-et-Loir.

MM.

OBISSIER St-MARTIN Député de la Gironde.
PAILLARD-DUCLÉRÉ Député de la Sarthe.
PAPON............ Député de l'Eure.
PESSON (Albert)... Député d'Indre-et-Loire.
PINAULT........... Député d'Ille-et-Vilaine.
POINCARRÉ........ Député de la Meuse.
DE PONLEVOY..... Député des Vosges.
POUPIN .... Député du Jura.
PRADON.......... Député de l'Ain.
PRÉVET.......... Député de Seine-et-Marne.
PROAL........... Député des Basses-Alpes.
PROUST (Antonin). Député des Deux-Sèvres,
ancien ministre des Beaux-Arts.
RÉCIPON........... Député d'Ille-et-Vilaine.
REY .... Député de l'Isère.
RIBOT .... Député du Pas-de-Calais.
RIOTTEAU .... Député de la Manche.
ROCHE (G)........ Député de la Charente-Infere.
RODAT...... ..... Député de l'Aveyron.
DES ROTOURS..... Député du Nord.
ROY DE LOULAY.. Député de la Charente-Infére.
ROYER............ Député de la Meuse.
DE SAINT-MARTIN. Député de l'Indre.
SANS-LEROY...... Député de l'Ariège.
SARLAT.......... Député de la Guadeloupe.
SUQUET .... Député des Basses-Alpes.
THÉRON .... Député de l'Aude.
THIESSÉ.......... Député de la Seine-Inférieure

MM.

Thomas-Deveroge   Député de la Marne.
Thomson.........   Député de Constantine.
Tondu...........   Député de l'Ain.
Treille..........   Député de Constantine.
Trouard-Riolle..   Député de la Seine-Inférieure
Turquet.........   Député de l'Aisne, ancien
sous-secrétaire d'État.
Turrel...........   Député de l'Aude.
Vergoin.........   Député de Seine-et-Oise.
Versigny........   Député de la Haute-Saône.
Viger...........   Député du Loiret.
Villeneuve......   Député de la Seine.
Viox............   Député de Meurthe-et-Moselle.
Waddington.....   Député de la Seine-Inférieure
Waldeck Rousseau.   Député d'Ille-et-Vilaine,
ancien ministre de l'Intérieur.

———

Par décision en date du 30 mai 1888, le Groupe agricole a conféré la présidence d'honneur à M. Méline, président de la Chambre.

———

DISCOURS

A la séance du 29 juin 1889, **M. GOMOT** a prononcé le discours ci-après :

MESSIEURS,

Vous m'avez chargé de rechercher les réformes agricoles opérées ou tentées depuis la fondation de notre groupe. J'ai fait cette étude, elle est toute à votre honneur. En effet, le groupe agricole de la Chambre a pris tant d'initiatives dans les questions d'ordre économique, il a poursuivi avec tant de zèle l'élaboration des lois réclamées par l'agriculture française, que son histoire, à ce point de vue, est celle des Chambres elles-mêmes, dans la période qui s'étend de 1881 à 1889.

Nous sommes en rapports avec toutes les Sociétés d'agriculture, tous les Comices, tous les Syndicats et beaucoup d'agriculteurs s'adressent directement à nous pour nous exposer leurs besoins ; nous comptons dans nos rangs les hommes les plus versés dans la science économique, et nous avons eu la bonne fortune d'être long-temps dirigés par l'homme éminent que la Chambre nous a enlevé sans nous séparer de lui; c'est dire que nous connaissons les vœux du pays et que nous pouvons en poursuivre la réalisation avec quelque compétence et quelque autorité.

Mon travail se divise en deux parties :

1° **Les Lois votées** dont le pays recueille les bienfaits;

2° **Les Projets déposés ou rapportés** auxquels il ne manque que la sanction législative pour devenir des lois.

I

LOIS VOTÉES

Les questions économiques de l'ordre le plus grave s'agitent dans le monde de la production et du travail. La concurrence étrangère nous étreint de toutes parts par le bon marché, par la contrefaçon, par la fraude. Nous subissons une crise. Dès 1883 elle s'est déclarée à l'état aigu.

Sans doute il fallait s'occuper de relever l'agriculture française par la culture intensive et scientifique, par l'enseignement spécial, par le crédit. Ce sont là les vraies méthodes, mais il ne faut pas s'en remettre à ces remèdes à long terme ; le malade peut mourir avant qu'ils n'aient produit leur effet.

Le remède immédiat était la protection, c'est-à-dire la défense des produits français contre les produits étrangers. Nous avons poursuivi avec ténacité le vote des lois protectrices, nous les avons obtenues et aujourd'hui les faits prouvent que nous avons eu raison. Rappelons ces lois, elles constituent notre œuvre principale :

LES DROITS DE DOUANE

Blés. — Le blé est la culture la plus répan-due en France. En 1883 elle avait déjà cessé d'être rémunératrice. Comme conséquence, les fermes étaient désertées, la propriété foncière baissait de valeur. Un premier droit de trois francs imposé à l'introduction des blés étrangers a produit une augmentation équivalente dans les prix de vente. Le droit a bientôt été jugé insuffisant. Par la loi du 30 mars 1887 il a été porté à cinq francs, et la même augmentation proportionnelle s'est produite malgré les prédictions pessimistes.

Grâce à la loi de 1887, le blé se maintient à un prix à peu près rémunérateur, et, circonstance à noter, le prix du pain est resté le même. Donc les droits compensateurs ont sauvé le producteur français et le consommateur n'a pas été atteint dans ses intérêts.

Dans aucun cas le consommateur n'a à redouter les efforts de cette loi. Il y est stipulé, en effet, que « dans des circonstances exception- » nelles et lorsque le prix du blé s'élèvera à un » taux menaçant pour l'alimentation publique, le

» Gouvernement pourra en l'absence des Cham-
» bres suspendre en tout ou en partie les effets de
» la loi par un décret du Président de la Répu-
» blique, rendu en conseil des ministres.»

La Viande. — Pour le bétail, la situation est identique et nous avons subi la même évolution. Le libre-échange nous ruinait, la protection nous a sauvés, et je me demande quel serait aujourd'hui, après tant d'expériences probantes, le théoricien qui prendrait sur lui de nous faire vivre sous le régime périlleux qui a failli perdre notre agriculture.

Grâce aux dispositions législatives qui se sont succédé et dont la loi du 6 avril 1887 est la dernière expression, les prix se sont relevés, le producteur de bétail lutte contre la concurrence allemande et belge, et les efforts ont été tels qu'aujourd'hui nous exportons autant de viande que nous en recevons. L'étranger nous envahissait de ses produits ; il deviendra notre tributaire si nous savons nous défendre.

Malheureusement nous souffrons de l'entrée des viandes abattues qui sont frappées d'un droit dérisoire, et qui sont dangereuses pour la santé publique ; d'intelligentes mesures d'hygiène viennent d'être prises ; nous comptons sur leur effet.

Enfin, reste à régler le grand problème des tarifs de pénétration qui, par un déplorable abus, favorisent l'étranger à notre détriment. Nous en poursuivrons la révision avec énergie.

Pour la viande comme pour le pain, on avait dit que le consommateur serait victime des droits compensateurs. Il n'en a pas été ainsi. Nous avons taxé jusqu'aux viandes de porc salé pour lesquelles on réclamait avec plus d'insistance : on nous accusait même de frapper la nourriture du pauvre ! Or, loin d'augmenter, les prix ont baissé sensiblement depuis la loi. Tant il est vrai que la production nationale est inépuisable, et que notre riche pays peut pourvoir à tous les besoins de ceux qui l'habitent.

Le Seigle. — Encore une loi due à l'initiative du Groupe agricole. Elle élève à 3 francs le droit sur les seigles en grains et établit un droit de 5 francs sur les farines de seigle qui entraient en franchise.

La loi a été promulguée le 17 avril 1889. Voulez-vous en savoir les effets ? Les voici :

Les quantités de farines de seigle étranger importées dans le mois qui précède la loi (du 16 mars au 16 avril), sont de 59,728 quintaux métriques ; dans le mois qui suit la loi (du 16 avril au 16 mai), elles tombent à 3,967 quintaux métriques. Nos seigles indigènes ont augmenté de 2 francs, nous voyons enfin tourner nos moulins réduits au chômage depuis trois ans au profit des usines belges, et l'an prochain on reprendra cette culture rustique dans tous les terrains qu'on avait dû abandonner.

Le Sucre. — Dans le même ordre d'idées, la Chambre est venue en aide aux producteurs de betteraves. Nulle part le péril n'était plus grand. Nous n'avions ni la culture intensive aujourd'hui indispensable pour produire la richesse saccharine, ni l'outillage nécessaire pour son extraction. Nous avons vu notre exportation s'amoindrir sensiblement et même l'importation grandir sans défense possible. Les lois que nous avons votées après de longs et ardents débats ont remis les choses en place, personne ne peut contredire leur heureux efforts. En quelques années la culture betteravière et l'industrie sucrière ont retrouvé la prospérité à l'ombre de la protection.

Je ne parcourrai pas, Messieurs, tous nos tarifs pour y chercher la liste des produits étrangers sur lesquels nous avons obtenu des droits de douane à leur entrée dans notre pays. Il m'a suffi d'indiquer la voie dans laquelle nous nous sommes engagés pour le bien de l'agriculture française.

Nous ne sommes pas des théoriciens et nous n'avons garde de considérer la protection comme un dogme ni le libre-échange comme une hérésie. Il n'est pas en ces matières de vérité absolue; nous devons nous laisser guider par les faits. Or, une crise s'est produite, les vingt-cinq millions de Français qui possèdent la terre et la travaillent ont poussé un cri de détresse. Ce cri, les Chambres républicaines l'ont entendu. Le pays voulait la protection, nous l'avons voulue avec lui, nous l'avons votée; où en serait notre agriculture sans les lois protectrices !

LA FRAUDE

Ce n'est pas tout de se défendre contre les produits étrangers qui viennent concurrencer loyalement les nôtres. Ces produits sont généralement de qualité inférieure ; souvent ils sont vendus sous une dénomination trompeuse, plus souvent encore ils sont avariés, nuisibles à la santé publique. La fraude ne vient pas seulement du dehors, elle se pratique aussi à l'intérieur et nos lois ne sont pas suffisantes pour la réprimer. Les progrès de la chimie la rendent plus aisément praticable, mais il est vrai de dire aussi que la chimie permet de la constater et de la punir.

La Chambre a dû organiser par une série de dispositions nouvelles la défense du producteur contre le falsificateur, car rien n'est plus contraire aux intérêts de l'agriculture que la fraude. Aussi s'est-il trouvé une majorité dans la Chambre lorsque nous y avons entamé ce que j'appellerai une *campagne économique de sincérité*.

Les Beurres. — La loi sur la répression des fraudes dans la vente des beurres est du 14 mars 1887. Elle interdit de vendre ou de mettre en vente, sous le nom de beurre, de la margarine, de l'oléo-margarine et en général toute substance destinée à remplacer le beurre, ainsi que les mélanges de margarine, de graisse, d'huile et d'autres substances avec le beurre, quelle que soit la quantité qu'en contiennent ces mélanges. La margarine peut être vendue et facturée, mais sous le nom de margarine, la graisse sous le nom de graisse. Le vendeur annonce le produit qu'il vend et l'acheteur connaît le produit qu'il achète, voilà toute l'économie de la loi.

La fraude par la margarine avait déprécié tous nos beurres, notamment ceux de Normandie : la clientèle anglaise désertait notre production. Sur le marché de Paris, le beurre ne se vendait guère qu'à l'état de mélange. La loi du 14 mars 1887 a réagi contre ces tromperies, la surveillance est rigoureusement exercée et aujourd'hui quand le consommateur achète du beurre additionné de margarine, il est prévenu qu'il a un produit de qualité inférieure, dépourvu en partie de qualités nutritives mais non nuisible à la santé.

Aujourd'hui, les laitiers de Normandie et de Bretagne ont retrouvé leur ancienne réputation; leurs beurres sont excellents, ils se vendent plus chers et s'écoulent aisément. L'effet de la loi se fait sentir dans toute la France.

Les Engrais. — La loi du 4 février 1888 punit ceux qui en vendant des engrais ou amendements auront trompé l'acheteur sur leur nature, leur composition ou le dosage des éléments utiles qu'ils contiennent, soit sur leur provenance, soit par l'emploi pour les désigner ou les qualifier d'un nom qui, d'après l'usage, est donné à d'autres substances fertilisantes.

Il n'est pas un agriculteur en France qui n'ait à se plaindre des engrais falsifiés livrés par l'industrie sous les dénominations d'engrais chimiques, d'engrais azotés, de guanos, etc... Quelques-unes de ces fraudes étaient punies, mais le Code pénal ne permettait pas de les atteindre toutes: il n'en est plus ainsi avec la loi du 4 février 1888 dont les tribunaux font journellement une application sévère. Cette loi était indispensable, car il a été prouvé que le dommage causé à l'agriculture nationale par les engrais falsifiés se chiffrait par plus de cinquante millions par année.

Les Vins. — La fraude sur les vins a suivi une progression rapide et l'on vend couramment comme vin des produits qui n'ont aucun rapport avec la fermentation du raisin frais. Nous ne voulons pas empêcher la fabrication du vin de raisins secs, mais nous voulons que ce vin porte sa dénomination véritable et ne soit pas vendu au consommateur plus cher qu'il ne vaut. Cette loi est encore à l'état de projet, mais elle est des premières à l'ordre du jour et nous la considéront comme votée.

LES VENTES JUDICIAIRES

Les frais de ventes judiciaires d'immeubles absorbaient bien souvent la propriété en litige. Par la loi du 23 octobre 1884 la Chambre a dégrevé celles de ces ventes dont le prix principal d'adjudication ne dépasse pas 2,000 francs. Elle a défendu les intérêts les plus dignes de compassion, ceux des enfants mineurs, des enfants pauvres dont le petit patrimoine suffisait à peine pour payer les frais de justice. Réforme humaine s'il en fût et dont le Trésor public n'a même pas eu à souffrir !

La Chambre prochaine aura bien d'autres innovations à faire dans ce champ de la procédure, champ couvert de broussailles qu'il faudra élaguer sans ménagement.

L'ÉCHANGE DES PARCELLES

La loi sur l'échange des parcelles, du 3 novembre 1884 est, au premier chef, une loi agricole. Le morcellement excessif de la propriété est le plus grave obstacle à la culture; il est malheureusement une conséquence de notre droit civil. L'intérêt général veut qu'on facilite la réunion des parcelles et on n'y peut arriver qu'en favorisant les échanges.

Le droit proportionnel perçu sur le contrat d'échange était de deux francs. La loi nouvelle décide que les droits fiscaux à percevoir désormais sur les échanges d'immeubles ruraux seront de vingt centimes pour cent pour tout droit proportionnel d'enregistrement et de transcription.

Je cite en passant les nombreuses lois sur le *vinage* et *le régime douanier des alcools étrangers*.

L'importante loi du 15 décembre 1888 sur la *destruction des insectes et cryptogames nuisibles à l'agriculture*, celle moins générale mais si utile du 20 décembre 1887 qui *exonère de l'impôt foncier les terrains nouvellement plantés en vigne dans les départements ravagés par le phylloxera*.

Mais, je m'arrête, ne voulant parler que des dispositions législatives d'intérêt général.

Je viens d'énumérer, Messieurs, les lois qui ont été votées et qui sont actuellement en vigueur. Elles forment un ensemble considérable à l'actif des Chambres républicaines de 1881 à 1889. Je ne crois pas qu'à aucune époque les Assemblées françaises aient fait autant pour l'agriculture.

Il faut aussi tenir compte aux représentants du pays de ces projets nombreux, étudiés au sein des commissions, rapportés dans des mémoires consciencieux, discutés même à l'une des Chambres, projets dont il serait facile de faire des lois. Le public qui juge d'après les résultats acquis, ne se rend pas toujours bien compte de ce travail obscur mais fécond des commissions de la Chambre. La conception d'une réforme est facile, mais il faut des études, des recherches pour mûrir cette conception, pour la présenter sous une formule juridique, pour la mettre en harmonie avec les autres lois existantes.

Ainsi s'expliquent certaines lenteurs apparentes ; elles ont quelquefois leur côté utile en permettant à l'opinion de comprendre les propositions faites, de s'acclimater en quelque sorte avec elles, de les faire siennes. Quand elles sont consacrées par le sentiment du pays, elles s'imposent bientôt à la Chambre et viennent d'elles-mêmes à l'ordre du jour.

II

PROJETS DE LOI

Les projets de loi relatifs à l'agriculture sont presque tous à l'état de rapport. Ils attendent la discussion publique. Quelques interpellations de moins et la plupart d'entre eux seraient votés pour le plus grand bien du pays. La prochaine Chambre trouvera des matériaux tout prêts, et n'aura donc qu'à les mettre en œuvre.

En tête de ces réformes nous désirons voir placer :

L'ENSEIGNEMENT AGRICOLE

Partisans résolus de la grande cause de l'enseignement, nous demandons que l'agriculture ne soit plus tenue en dehors des programmes de l'Université. Elle doit être traitée comme une science. Pourquoi n'est-elle pas enseignée à la Sorbonne, dans nos Facultés, dans nos écoles supérieures, dans nos lycées, dans nos collèges! Pourquoi ce dédain pour la grande industrie nationale? Elle a des contre-maîtres, elle devrait avoir aussi ses ingénieurs et ses savants.

Ce n'est pas tout. Pour relever l'agriculture, il faut créer des vocations, il faut que l'enfant aime la terre. Demandons ce nouvel effort à nos vaillants instituteurs. Plaçons à côté de chaque école un *champ de démonstration*, leçon des choses vivantes et pleine d'enseignements utiles!

Poussons aussi à la création d'écoles pratiques industrielles de distillerie, de féculerie, de brasserie.

En un mot, créons de toutes pièces un enseignement agricole rayonnant sur toute la jeunesse française, depuis l'étudiant qui suit les cours des Facultés, jusqu'à l'enfant de nos écoles de hameau.

LE CRÉDIT AGRICOLE

Parmi les moyens de relèvement de l'agriculture nous devons citer le crédit agricole. Qu'il se produise par des réformes sur le gage et le nantissement, par l'établissement de banques spéciales, par la possibilité de mobiliser la propriété foncière, de *commercialiser la terre* ou par la simplification du système hypothécaire, le crédit agricole s'impose à l'étude du législateur. Il n'est pas à l'état de conception théorique. Sous des formes diverses il fonctionne en Suisse, en Allemagne, en Italie, et il donne d'excellents résultats, il a même été expérimenté non sans succès, dans quelques-uns de nos départements. Voilà vingt-cinq ans que les Chambres sont saisies de plusieurs projets de crédit agricole. L'un d'eux, voté et discuté par le Sénat, est actuellement à l'ordre du jour de la Chambre des députés, qui pourra dans une prochaine législature, l'étudier et l'élargir.

Je n'entre pas dans le détail des différentes méthodes, mais je constate avec vous tous, Messieurs, que l'on parlerait avec plus de fruit d'améliorations de culture intensive, de méthodes scientifiques, si l'on avait donné à celui qui possède et qui cultive l'instrument de progrès par excellence, c'est-à-dire *le crédit*.

LES CHAMBRES CONSULTATIVES

L'agriculture ne cesse de réclamer le droit de discuter librement ses intérêts et d'envoyer aux pouvoirs publics par des représentants autorisés, ses doléances et ses revendications. Avec notre législation actuelle, il se trouve moins favorisé que le commerçant et l'industriel. Ceux-ci en effet possèdent des Chambres électives animées d'un grand esprit de solidarité et toujours disposées à se mettre en avant pour défendre les intérêts dont elles ont la garde.

N'est-il pas juste de donner à l'agriculteur comme à l'industriel et au commerçant, une représentation élective avec un collège électoral composé de tous ceux qui possèdent et de tous ceux qui sont attachés à l'exploitation agricole?

Tel est le projet dû à l'initiative de M. Méline, et qui depuis le 10 décembre 1885 est déposé sur le bureau de la Chambre sans avoir encore obtenu les honneurs de la discussion publique.

CHEMINS VICINAUX

ET PRESTATIONS

La prestation est l'impôt qui soulève le plus de critiques, il n'est pas cependant sans quelques défenseurs. Telle qu'elle est organisée, la prestation est peu productive et elle manque de proportionnalité, c'est-à-dire de justice. Ainsi elle n'atteint pas d'une manière égale la propriété foncière ni les autres manifestations de la richesse. Un citoyen âgé de soixante ans ou infirme lui échappe alors qu'il est l'un des plus intéressés par sa fortune à l'entretien des chemins vicinaux.

Plusieurs réformes sont proposées :

Les uns réclament la suppression de la prestation ; ils remplacent son produît par une modification de la taxe personnelle, et un impôt sur le capital et le revenu.

D'autres font rentrer les chemins vicinaux dans le réseau départemental.

D'autres enfin laissent la faculté aux communes de substituer aux trois journées de prestation dont le rôle est autorisé par la loi du 21 mai 1836, un nombre de centimes additionnels au capital des quatre contributions directes, calculé de manière à fournir une somme équivalente.

La Chambre aura à se prononcer entre ces différents systèmes qui sont tous sérieusement étudiés et prêts à venir en délibération.

ASSISTANCE PUBLIQUE

DANS LES CAMPAGNES

L'émigration des ouvriers ruraux vers les villes a fait depuis dix ans d'inquiétants progrès. Pour les retenir au village il convient de leur donner les mêmes avantages qu'aux ouvriers des villes.

A part quelques départements privilégiés on peut dire que l'assistance publique n'existe pas dans les campagnes ; le bureau de bienfaisance, l'hôpital, l'hospice, ne se rencontrent qu'à l'état d'exception, dans les communes rurales. Il y a donc un grand effort à faire et vous connaissez, Messieurs, les nombreux projets dont la Chambre est saisie. Il convient d'aborder ces graves questions et d'essayer de les résoudre. Sans doute on ne peut pas établir dans chaque commune l'assistance publique comme elle l'est dans les grandes villes, mais ne serait-il pas possible d'ouvrir un bureau de bienfaisance et de créer un hôpital-hospice par canton. En tout cas, il nous semble facile d'organiser partout des secours médicaux et pharmaceutiques à domicile ; ce serait un grand soulagement pour nos populations rurales.

Les travaux sur la matière abondent, les projets sont prêts ; il est bien regrettable que le vote en ait été retardé.

LES FRAIS DE JUSTICE

« Qui terre a, guerre a, » dit un proverbe plein de sagesse et nos cultivateurs ne le savent que trop. Ils savent aussi par une dure expérience qu'un procès est souvent la ruine pour celui qui le perd, et qu'il n'enrichit pas celui qui le gagne. Le Groupe agricole a demandé à plusieurs reprises la diminution des frais de justice, la simplification des formalités de procédure et l'extension de la compétence des juges de paix qui devraient être les arbitres des conflits auxquels donne lieu la propriété immobilière. L'intérêt du propriétaire, du cultivateur est d'être jugé vite, d'être jugé à peu de frais, d'être jugé sur place.

Tout un système de simplification a été étudié par la Chambre et par une Commission extra-parlementaire dont les travaux sont à peu près terminés. Le jour où une loi paraîtra pour supprimer les embûches du Code de procédure, son formalisme étroit et coûteux, il y aura dans le monde rural un véritable soulagement.

Mais j'abrège, Messieurs, et je me contente maintenant d'énumérer nos travaux sur :

1° Le Code de police rurale ;

2° Le régime des eaux et leur utilisation ;

3° Le cadastre ;

4° Le régime des forêts communales ;

5° La médecine vétérinaire ;

6° La culture du tabac et les droits des planteurs ;

7° Le vinage et les distilleries ;

8° Les accidents dont les ouvriers sont victimes.

Je passe sous silence d'autres projets de moindre importance qu'il me serait facile de citer.

Toutes ces lois votées ou préparées arriveraient aisément avec quelque méthode, à constituer ce qui nous manque encore, *un régime économique*. Pouvions-nous en créer un de toutes pièces, liés comme nous l'étions par les traités de commerce? Non évidemment.

Ces traités doivent être le grand souci du législateur et le moment va venir d'arrêter des résolutions à cet égard.

Devons-nous les renouveler ou y renoncer désormais?

La France a-t-elle intérêt à conclure des conventions commerciales avec les puissances? En tire-t-elle quelque avantage?

La fertilité de son sol, la variété de ses produits lui permettent-elles de vivre sur elle-même, sauf à ouvrir sa frontière dans certaines circonstances dont elle resterait le seul juge?

C'est un grave problème, nous en convenons tous. Il faut l'étudier froidement, longuement, d'accord avec le Gouvernement du pays qui seul peut élucider un côté de la question auquel on ne doit jamais toucher légèrement.

J'ai fini, mes chers Collègues, mais avant la séparation, je tiens à vous remercier une fois encore du grand honneur que vous m'avez fait en me donnant la présidence de ce Groupe qui a rendu tant de services à l'agriculture nationale ; notre collaboration restera le meilleur souvenir de ma vie parlementaire.

Nous avons vécu dans l'union et le travail, préoccupés avant tout des questions pratiques, de celles qui intéressent la prospérité et le bien-être des classes agricoles et laborieuses.

Ces questions ont été aussi l'objectif principal de la Chambre actuelle. Elles les a abordées, elle en a résolu un grand nombre ; à moins de nier les faits, il faut lui rendre cette justice. Nous sommes l'objet d'attaques passionnées, que peuvent les déclamations contre les résultats acquis ? Il est dans la destinée des assemblées politiques d'être calomniées, mais l'opinion publique ne se laisse pas égarer longtemps. Qu'importent d'ailleurs les appréciations injustes à nous, Messieurs, qui avons la conscience d'avoir travaillé pour le bien du pays et l'affermissement des institutions républicaines ?

Le Groupe agricole remercie M. Gomot de son travail qui met en évidence le dévouement des Chambres républicaines aux intérêts agricoles du pays. A l'unanimité il vote l'impression du discours et décide qu'il lui sera donné la publicité la plus large.

Clermont-Ferrand, typographie et lithographie G. Mont-Louis.